비행기는 어떻게 날까?

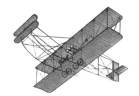

민음 바칼로레아 013

비행기는
어떻게 날까?

장밥티스트 투샤르 ㅣ 김학봉 감수 ㅣ 김성희 옮김

민음in

● 일러두기

1 본문 가장자리에 있는 사과 🍎 는 이 책을 통해 반드시 이해해야 하는
  핵심 개념을 표시한 것입니다.
2 본문 아래쪽의 주는 독자들이 본문 내용을 쉽게 이해할 수 있도록 한국어판에 특별히 붙인 것입니다.
3 인명 및 지명 표기는 한글 맞춤법 통일안 및 외래어 표기 규정을 따랐습니다.
4 본문에 사용한 부호 및 기호의 뜻은 다음과 같습니다.
  ─ 전집, 단행본: 『 』
  ─ 신문, 잡지: 〈 〉
  ─ 개별 작품, 논문, 기사: 「 」

차례

1

인간은 **언제부터**
하늘을 날았을까?

얼마 전 비행기를 타고 가다가 이런 생각을 한 적이 있다. '이 무거운 금속 덩어리가 공중에 떠 있을 수 있다는 사실을 모든 승객이 믿지 않게 되는 순간, 그 즉시 비행기가 추락하지 않을까?'

세계는 언제나 해결해야 할 과제를 던져 주게 마련이고, 그 반대편에는 현재에 만족하지 않고 계속 도전하는 사람들이 있게 마련이다. 우리는 그 사람들 덕을 톡톡히 보고 있는 셈이다.

인간은 언제부터 나는 걸 꿈꿨을까?

사람들은 언제부터 날기 시작했을까? 정확한 날짜를 아는 사람은 없다. 난다는 것이 처음에는 꿈에 지나지 않았다가 여러 사람의 힘으로 조금씩 현실이 되었기 때문이다. 한쪽에서 천사가 정말 날 수 있을까 하는 이야기로 시간을 보낼 때, 다른 한쪽에서는 실험 정신에 불타는 수많은 사람들이 새를 본따 만든 온갖 종류의 날개를 몸에 달고 다양한 높이에서 뛰어내렸다. 자기가 만든 장비에 자신을 갖고 자신만만하게 뛰어내린 사람도 있고 겁에 질려 완전히 움츠러든 채 뛰어내린 사람도 있다. 그러나 어떤 모습이었든 모두 신의 명령이라도 받들듯이 기꺼이 비행 실험에 뛰어들었다는 점만은 같다.

역사에 인간이 지구의 중력에서 해방된 시기로 기록된 것은

20세기이다. 그러나 그보다 훨씬 전부터 사람들은 날고자 하는 꿈을 여러 가지 그림으로 나타냈다. 가장 많이 알려진 것은 15세기 말에 레오나르도 다 빈치*가 그린 그림들이다. 좀 더 가까운 시대에서 찾아보면, 1889년 파리 세계 박람회 전야제에서 하늘을 날아 이동하는 일쯤은 아무것도 아닌 것이 될 가상의 세계를 보여 주었던 알베르 로비다*의 그림이 있다.

시라노 드 베르주라크*의 작품에 등장하는, 작은 유리병에 바닷물을 담아 허리에 묶고는 달에 가려고 한 인물부터 풍선을 이용해 하늘로 떠오른 몽골피에 형제,* 다이달로스의 미궁을

● ● ●

레오나르도 다 빈치(Leonardo da Vinci, 1452~1519) 르네상스 시대 이탈리아의 화가이자 건축가, 기술자, 사상가. 르네상스 시대를 대표하는 예술가이자 조각, 건축, 토목, 수학, 과학, 음악에 이르기까지 모든 분야에서 새로운 성과를 이룩한 세기적인 천재이다.

알베르 로비다(Albert Robida, 1848~1926) 프랑스의 삽화가. 여러 잡지에서 그림을 그리다가 조르주 데코와 함께 자신의 잡지 《캐리커처(*caricature*)》를 창간했다. 미래에 대한 기발한 상상력으로 유명하다.

시라노 드 베르주라크(Cyrano de Bergerac, 1619~1655) 프랑스의 군인이자 작가. 본인의 작품보다 그의 인생을 다룬 소설과 오페라, 영화 등으로 더욱 유명하다. 실제로는 당대의 인기 있는 시인이었으며 결투의 대가였다. 그가 쓴 『달나라 여행(*Voyage dans la Lune*)』을 보면 달까지 갈 수 있는 일곱 가지 방법들이 언급되어 있는데 그중 하나가 여기에서 말하고 있는 유리병 방법이다. 태양빛이 그 유리병들에 강하게 내리쬐면 열이 생겨 구름 같은 것이 만들어지면서 공중에 뜰 수 있을 거라고 생각했다.

빠져나오던 이카로스의 추락*에서부터 1896년, 오토 릴리엔 탈*을 죽음에 이르게 한 추락까지 얼마나 많은 사람이 새처럼 날고자 했을까? 그 아름다운 꿈 때문에 희생된 생명은 얼마나 되며, 또 성공한 사람은 몇 명이나 될까?

성공한 사람은 누구일까?

레오나르도 다 빈치의 업적은 확실하다. 새의 비행에 대한 연구는 대단히 정확했다. 그가 도안한 낙하산도 불안정한 것을 보완하기 위해 나중에 구멍을 뚫어야 했지만 제작과 실험에는

• • •

몽골피에 형제(Joseph Montgolfier(1740~1810), Jacques Montgolfier(1745~1799)) 열기구를 타고 하늘을 나는 비행에 처음으로 성공한 사람들. 이 비행에 관해서는 뒤에서 언급할 것이다.

이카로스의 추락 다이달로스는 그리스 신화에 등장하는 대단한 장인으로, 왕의 명령에 따라 괴물을 가두기 위해 미궁을 만들었으나 왕을 배신했다 하여 아들인 이카로스와 함께 바로 그 미궁에 갇히게 된다. 하지만 다이달로스는 깃털과 밀랍으로 만든 날개를 만들어 달고 이카로스와 함께 미궁에서 빠져나온다. 욕심을 내어 너무 높이 날아오른 이카로스는 태양에 밀랍이 녹아내리는 바람에 떨어져 죽고 만다.

오토 릴리엔탈(Otto Lilienthal, 1848~1896) 독일의 항공가. 최초의 글라이더 비행사라고 할 수 있다. 글라이더 시험 비행 중에 추락하여 사망한다.

성공했다. 하지만 다 빈치는 실제로 날지는 못한 것으로 보인다. 다 빈치가 만든 비행 기계들은 너무 무거웠다. 사람의 힘으로는 그가 고안한 메커니즘대로 날갯짓을 하기가 어려웠다. 막대한 분량의 책을 섭렵한 다 빈치였으니 아르멘 피르만이나 압바스 이븐 피르나스,ᐧ 맘스베리의 엘머 사제의 실험을 책에서 읽고 아이디어를 얻은 것이 틀림없다.

852년, 스페인의 코르도바에 살던 아르멘 피르만은 직접 만든 글라이더를 타고 도시에 있는 탑 꼭대기에서 뛰어내렸다. 비행은 성공하지 못했고, 아르멘 피르만은 날개가 공기 브레이크 역할을 해 준 덕분에 가벼운 부상만 입었다. 약 25년 후, 압바스 이븐 피르나스가 같은 실험을 했다. 그 역시 코르도바에 살았고, 아르멘 피르만의 실험을 아주 잘 알았으며, 그 실험을 지켜보기도 했던 것 같다. 압바스 이븐 피르나스는 기계를 만들어 상당히 먼 거리를 날았다. 하지만 불행하게도 착륙할 때 큰 부상을 입어 불구가 되는 바람에 다시는 날 수 없게 되었다.

• • • •

압바스 이븐 피르나스(Abbas Ibn Firnas, ?~887) 시인이자 수학자, 천문학자, 물리학자. 에스파냐 움마야드 제국의 왕실에서 학자로 종사했다. 망원경과 크로노미터, 나는 기계 등 여러 가지 기계를 발명하기도 했다.

엘머 사제는 맘스버리 수도원의 영웅이라 할 수 있다. 공적인지 철없는 짓인지 모르지만 그의 실험을 기리는 스테인드글라스가 남아 있을 정도이다. 엘머 사제는 11세기 중반에 팔과 다리에 직접 고안한 커다란 날개를 붙이고 수도원 서쪽 탑에서 뛰어내렸다. 200미터 가까이 공중을 날기는 했는데 요란하게 착륙하면서 두 다리가 부러지고 말았다. 어쨌거나 죽지는 않았으니 다행이긴 하다.

이 사람들의 모험심이 레오나르도 다 빈치의 상상력에 불을 당겼고, 다 빈치 역시 후세 사람들로 하여금 날아야겠다는 의지를 불태우게 했다. 그중 가장 눈에 띄는 사람은 터키의 헤자르펜 아흐메트 첼레비˚이다. 그는 다 빈치의 연구에 대한 이야기를 듣고 거대한 박쥐 날개를 떠오르게 하는 장치를 만들어 냈다. 그렇게 해서 1638년, 그는 이스탄불의 갈라타 탑에서 뛰어내려 보스포루스 해협 위를 날아 건너편에 부드럽게 착륙하

●　●　●　●
헤자르펜 아흐메트 첼레비(Hezarfen Ahmet Çelebi, 1609~1640) 터키의 과학자. 본명은 아흐메트 첼레비이나, 방대한 과학적 지식으로 '천 가지 과학(Hezarfen)'이란 별명을 받았다. 술탄 무라트 4세는 갈라타 탑에서 뛰어내린 이 실험에 처음에는 기뻐했지만, 이후 마음을 바꾸어 첼레비를 알제리로 추방해 버렸다. 첼레비는 그곳에서 31세의 젊은 나이로 사망했다.

는 데 성공했다. 이 비행 기록은 2세기가 더 지나서야 그에 견줄 만한 기록이 나올 정도로 대단한 것이었다.

릴리엔탈이 만든 기계의 경우, 몸을 이동시켜 장치의 무게중심을 바꾸는 식으로 조종했다는 점에서 현대의 행글라이더와 비슷하다. 릴리엔탈은 마지막 비행을 하기 전, 7년 동안 자신이 만든 기계를 개선해 나갔다. 손잡이로 조종하는 조종간을 더한 것이다. 덕분에 그는 비행할 때마다 점점 더 멀리 날았다. 알려졌든 알려지지 않았든, 실패했든 성공했든, 그전에도 그와 같은 시도가 수백 번도 더 있었겠지만, 어쨌든 역사는 릴리엔탈을 자유 비행의 선구자로 기록하고 있다.

2

날개 없이
뜰 수는 없을까?

증기처럼 올라갈 수 있을까?

사람들은 다른 기술을 이용해서도 공중에 뜨는 데 성공한다. 엄밀히 말하면 이 방법은 나는 것이 아니다. 이 경우 아이디어를 준 것은 새가 아니라 공중으로 떠오르는 증기였다.

때때로 제5원소가 더해지기도 하지만, 고대인들이 말하는 네 가지 기본 원소를 떠올려 보자.˙ 그중에서 공기와 불은 서로 궁합이 잘 맞는 원소들이며, 둘 다 위쪽으로 올라가려는 성질이 있다. 증기처럼 올라가려면 공기와 불이 떠받치기만 하면

• • • •

4원소설 아리스토텔레스는 지구상의 모든 물질이 물, 흙, 공기, 불이라는 네 가지 기본 원소로 이루어져 있고, 태양은 제5원소로 이루어져 있다고 주장했다.

될까? 증기를 이용하면 공기보다 더 가벼워질 수 있을까?

공기의 물리적 성질은 눈으로 금방 확인할 수 있으며, 아주 오래전부터 알려져 있다. 공기의 움직임인 바람 때문에 나뭇잎이 흔들리고, 나무가 뿌리째 뽑히기도 한다. 바람을 이용해서 배가 나아가고, 풍차가 돌아간다. 이런 현상들을 보면 공기란 자체적인 흐름과 소용돌이를 가지고 있는 유체가 아닐까? 흐름과 소용돌이가 있다면 물처럼 그 안에서 헤엄칠 수 있는 건 아닐까? 또 다른 면도 물과 비슷한 건 아닐까? 물에 들어가 있으면 수압을 느끼는 것처럼 공기도 질량을 갖고 있어서 우리 어깨를 끊임없이 누르고 있는 건 아닐까?

17세기에 갈릴레이의 제자 토리첼리˙가 이 질문에 명확한 답을 내렸다. 토리첼리는 피렌체의 수도업자들로부터 왜 수도관이 10미터가 넘어가면 물을 끌어올릴 수 없느냐는 질문을 받았다. 1643년, 그는 그 유명한 수은 기압계 실험˙을 통해 공기의 무게 때문에 수은 기둥이 내려오지 않고 유지된다는 것을 알아냈다. 마찬가지로 수도관 끝에서 펌프로 공기를 빼 수도관

• • • •

토리첼리(Evangelista Torricelli, 1608~1647) 이탈리아의 수학자이자 물리학자. 갈릴레이 밑에 들어가 그의 역할을 계승하였다. 액체의 속도와 가압에 대한 정리와 수은 기압계를 발명하는 등 유체 동역학에 지대한 공헌을 했다.

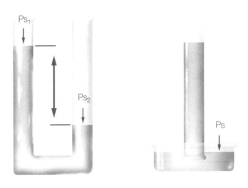

토리첼리의 수은 기압계 실험

물이나 수은 같은 액체를 채운 U자 모양의 시험관이 있다고 할 때, 왼쪽의 압력(Ps_1)이 오른쪽의 압력(Ps_2)보다 약하면 유리관 속의 액체는 액체 기둥에 의해 압력의 차이가 상쇄될 때까지 압력이 더 약한 왼쪽으로 올라가게 된다. 토리첼리의 기압계 실험에서 시험관 윗부분에는 진공 상태가 만들어진다. 따라서 그 부분의 압력은 0이 된다. 이때 액체를 관 안으로 밀어 올리는 것은 외부 공기의 압력(Ps)이다.

안을 저기압 상태로 만들었을 때나 더 나아가 진공 상태로 만들었을 때 수도관의 물이 올라오는 것은 다른 쪽에서 물을 밀어내는 공기의 압력 때문이다. 수도관의 끝이 진공 상태일 때

● ● ● ●

수은 기압계 실험 한쪽이 막힌 약 1미터 길이의 시험관에 수은을 가득 채우고 시험관의 입구를 수은 용기 속에 넣어 거꾸로 세우면 수은 기둥은 76센티미터 정도 되는 지점까지만 내려오다가 멈춘다. 이것은 시험관 안의 수은 기둥이 누르는 무게와 시험관 밖의 공기가 누르는 무게가 평형을 이루기 때문이다. 위 그림의 오른쪽이 그 실험을 나타낸다.

기압은 물을 약 10미터까지 올라가게 할 수 있고, 물보다 14배 높은 밀도를 가진 수은은 76센티미터만 올라가게 할 수 있다. 즉 펌프로 공기를 모조리 뽑아낸다고 해도 진공 상태 이상을 만들 수는 없기 때문에 물이 10미터 이상 올라오지 않는 것이다. 물이 10미터 이상 올라오도록 하려면 밑에서부터 물을 밀어내는 수밖에 없다. 하지만 이 경우 물을 올라가게 만드는 것은 공기의 압력이 아니다.

이렇게 해서 기압(대기의 압력)이 존재한다는 사실이 확인되었다. "자연은 진공을 싫어한다."라는 아리스토텔레스의 가르침도 더 이상 효력이 없게 된 것이다. 아리스토텔레스를 지지하는 사람들과 토리첼리를 지지하는 사람들 사이에서 논쟁이 벌어지자 파스칼˚은 토리첼리의 손을 들어 주며 수은 기둥의 높이가 유지되는 원인이 공기의 압력이라면 수은 기둥의 높이는 고도에 따라 달라질 것이라고 했다. 1648년에 파스칼의 매

● ● ●

파스칼(Blaise Pascal, 1623~1662) 프랑스의 수학자이자 물리학자, 철학자. 초등 물리학에서 빼놓을 수 없는 파스칼 원리를 발견했으며 적분법을 만들었다. 생전에도 신앙과 철학에 관한 여러 가지 책을 출간했으며, 「그리스도교를 위한 변증론」을 집필하다가 사망했다. 그의 사후 가까운 친척과 친구들이, 그가 집필하던 원고를 모아 출간한 『팡세(Pensées)』가 대표작이다.

부인 플로랑 페리에가 퓌드돔* 산정에서 똑같은 실험을 하고 나서 이 가설이 사실이라는 것을 확인했다.

아르키메데스*는 유체에 잠긴 고체는 그 고체 때문에 밀려난 유체의 무게만큼 부력, 즉 아래에서 위로 미는 힘을 받게 된다는 사실을 설명한 바 있다. 예를 들어 가로, 세로, 높이가 각각 1데시미터*인 물체를 물에 담그면 그 물체는 1킬로그램의 부력을 받는다. 부피가 1리터인 물체가 1킬로그램보다 무게가 적게 나갈 경우, 즉 밀도(단위 부피당 질량)가 물의 밀도보다 낮으면 떠오르고, 1킬로그램보다 무거우면 가라앉으며, 정확히 1킬로그램이면 물 중간에 떠 있게 된다. 아르키메데스는 물에서의 경우만 생각했지만 공기 중에서도 같은 현상이 일어난다.

이쯤에서 공기보다 더 가벼우려면 어떻게 해야 하는가 하는 질문을 다시 떠올려 보자. 기압과 부력이라는 현상이 이 질문과 무슨 상관이 있을까?

● ● ● ●

퓌드돔(Puy de Dôme) 중앙 프랑스에 있는 휴화산.
아르키메데스(Archimedes, B.C. 287~212) 고대 그리스의 수학자이자 물리학자. 지렛대의 반비례 법칙, 아르키메데스의 원리 등 역학의 기초 법칙들을 마련했다. 또한 기하학을 실생활과 접목시켜 그리스의 수학을 한 단계 진전시켰다.
데시미터(dm) 1미터의 10분의 1.

나는 데 기압과 부력이 무슨 상관일까?

모든 가스나 고체와 마찬가지로 유체는 가열하면 팽창한다. 무게가 같은 물질도 부피는 더 커지는데 이는 열이 제공한 에너지가 분자 운동을 일으키고, 그 결과 분자들이 더 넓은 자리를 움직이기 때문이다. 따라서 부피가 같은 그릇에 유체를 채우면 따뜻한 유체가 든 그릇이 차가운 유체가 든 그릇보다 더 가볍다.

바로 이것이 **대류**의 원리이다. 물을 담은 냄비를 불에 올려 두면 불이 바닥에 있는 물을 데워 준다. 따뜻해진 물이 차가운 물보다 밀도가 낮아져서 위쪽으로 올라가고, 또 바닥으로 간 물이 따뜻해져서 올라가는 식으로 물이 움직이면서 섞이는, 대류의 흐름이 만들어진다. 그리고 마침내 냄비 안에 있는 물 전체의 온도가 올라간다. 반대로 휴대용 버너 같은 장치로 물을 위에서부터 데우려고 하면 위쪽에 있는 물이 따뜻해지고, 밀도가 낮아진 물은 그대로 계속 위에 남아 있기 때문에 대류가 일어나지 않는다. 결국 물의 위쪽 표면만 뜨거워지고, 물 전체를 데우는 데에는 훨씬 오래 걸린다. 바다나 호수의 물이 온도가 거의 변하지 않고 유지되는 것은 그처럼 태양 광선이 바닥까지 들어가지 못하고 위쪽만 비추기 때문이다.

대류 원리를 이용한 가열

이제 증기와 함께 어떤 일들이 벌어지는지 알아보자. 열은 공기를 데운다. 따뜻해진 공기가 위로 올라갈 때 미세한 수증기 입자나 타르, 탄소 입자들이 함께 올라간다. 햇볕이 뜨거운 날에는 아지랑이처럼 하늘로 무언가 올라가는 게 보이는데 바로 그런 입자들이 보이는 것이다. 입자들은 처음에는 아주 고르게 올라가다가 높이 올라가면 흩어지면서 불안정하고 무질서하며 어수선한 상태가 된다. 그런데 타르 입자나 탄소 입자는 크기와 상관없이 공기보다 더 무겁고 밀도도 더 높기 때문에 바람이 없는 공기 중에서는 결국 다시 떨어지고, 바람이 불어도 결국은 떨어지게 되어 있다. 그런데도 어떻게 증기를 이용해서 올라갈 수 있는 것일까? 이를 이해하기 위해서는 분자 차원에서 일어나는 일을 알아야 한다. 작은 타르 입자들이 중력에 끌려 내려오지 않고 올라갈 수 있는 이유는 대류 현상으로 상승하는 따뜻한 기체 분자들과 계속 부딪치기 때문이다. 물이 공중으로 뿜어지는 분수 위에 공을 놔두면 물줄기에 밀려 올라가면서 계속 공중에 떠 있는 것과 같은 이치라고 할 수 있다.

그렇다면 하늘로 올라가려면 불을 피워서 증기에 실려 가기만 하면 되는 것일까? 이렇게 말하면 열기구가 떠오를 것이다. 사실 열기구는 불을 피우긴 하지만 대류 현상을 이용해서 공중에 뜨는 것이 아니다. 풍선 내부의 밀도가 주위 공기의 밀도보다 낮으면 떠오르는 원리를 이용해 올라가는 것이다. 이것은 대류의 원리가 아니라 아르키메데스가 말한 부력의 원리이다. 아르키메데스에게 열기구에 대해 조언을 구했다면 그는 기구가 공중으로 올라가려면 적어도 엔벌로프(기구의 풍선 부분)나 곤돌라의 무게, 승객들의 무게를 조정하려면 주위의 공기보다 더 가벼운 유체가 들어 있는 풍선을 준비하라고 가르쳐 주었을지도 모른다.

공중으로 올라가는 증기와 같은 방식으로 하늘을 나는 방법은 두 가지로 나뉘어 실현되었다. 첫 번째는 몽골피에 형제가 연구한, 따뜻한 공기를 이용한 열기구이고, 두 번째는 같은 시기에 물리학자인 자크 알렉상드르 샤를*이 연구한, 공기보다 더 가벼운 기체를 이용한 수소 기구이다.

1783년 6월 4일, 따뜻한 공기를 가득 채운 몽골피에 형제의 기구가 프랑스의 작은 마을인 아노네의 하늘로 날아올랐다. 그 후 물리학자인 필라트르 드 로지에*를 태우고 유인 비행에도 성공했다. 같은 해 8월 27일에는 군중들이 넋을 잃고 바라보는 가운데 지름 4미터의 비단 엔벌로프에 라텍스로 방수 처리를 한 후 수소를 채운 샤를의 기구가 파리 샹드마르스*의 하늘로 떠올랐다.

수소 기구는 열기구보다 훨씬 작게 만들 수 있지만, 대신 조정하는 데에 섬세한 기술이 필요하다. 몇 년 후, 샤를은 밸브와 조종간, 모래주머니는 물론 고도계까지 포함해 오늘날 경항공기에서 볼 수 있는 모든 장치를 기구에 갖추었다.

● ● ● ●

자크 알렉상드르 샤를(Jacques Alexandre Charles, 1746~1823) 프랑스의 물리학자. 벤저민 프랭클린의 전기를 프랑스에 소개했으며, 일정한 압력 아래에서는 온도에 비례하여 기체의 부피가 증가한다는 샤를의 법칙을 발견했다. 수소와 고무풍선을 이용한 기구를 발명한 업적으로 정원 외의 과학 아카데미 회원으로 추천받았다.
필라트르 드 로지에(Pilâtre de Rozier, 1756~1785) 프랑스의 물리학자. 기구 비행 당시 물리와 화학을 가르치는 29세의 청년이었다.
샹드마르스(Champ-de-Mars) 파리에 있는 거대한 공공 녹지. 샹드마르스란 로마의 군신인 마르스의 전장이란 뜻으로, 원래 군사 훈련장으로 쓰이던 자리라서 붙여진 이름이다.

열을 받아 따뜻해진 기구 내부에 있는 공기 분자들은 외부의 차가운 공기 분자들보다 더 많이 움직이게 된다. 분자의 수는 외부 공기보다 적지만 기구의 엔벌로프 안쪽 면에 부딪히는 힘이 더 강하므로 수많은 충돌로 인해 압력이 증가하면서 기구 내부 공기의 압력과 외부 공기의 압력이 같아진다. 그 결과 엔벌로프가 찌그러지지 않는다. 한편 따뜻한 내부 공기의 밀도는 차가운 외부 공기의 밀도보다 낮으므로 기구가 공기보다 가벼워진다.

이때부터 열기구와 수소 기구라는 두 가지 기술은 계속 서로 경쟁하게 된다. 처음에는 수소 기구가 기업가들 사이에서 더 인기가 있는 것처럼 보였다. 거대한 비행선의 시대가 내리막길로 접어들 즈음에 힌덴부르크 호가 폭발하는 사고가 생기면서 열기구가 다시 사람들의 관심을 받았지만, 주로 놀이 기구로서 주목을 받았다. 현대적 장치를 한 열기구에서는 프로판 가스 버너로 공기를 가열하고, 곤돌라는 물론 엔벌로프도 최상의 재료를 사용한다.

가스를 이용한 기구는 샤를 이후로 바뀐 것이 별로 없지만 수소 대신 헬륨을 이용한다는 기본적인 차이는 있다. 헬륨은 수소보다 밀도가 2배 높고, 생산 비용도 더 비싸지만 폭발할 위험이 없다는 점이 매우 큰 장점으로 부각되었다. 지금도 대기 연구를 위해 관측 장비를 실은 수많은 작은 무인 기구들이 정기적으로 띄워지고 있다.

그 후에 다양한 고도에서 방향을 잡아 주는 바람을 찾는 기술이 상당히 발전했지만 경항공기 조종사들은 점점 바람에 기대지 않고 직접 조종하고 싶다는 욕망에 사로잡혀 온갖 종류의 시스템을 구상하고 실험하기에 이르렀다. 몽골피에 형제 중 형인 조제프는 반동력을 이용한 조종 방식을 제안했다. 밸브로 조종할 수 있는 배출구를 장치해 기구에서 공기가 빠지도록 하는 방법이었다. 이후 기구를 추진시켜 움직이기 위한 방법으로 기계 장치부터 증기 모터와 전기 모터, 내연 기관에 이르기까지 프로펠러를 돌리는 장치들이 속속 적용되었고, 기구의 풍선 부분도 동그란 구 모양보다 공기 역학에 더 알맞는 타원형으로 바뀌었다.

20세기 초에 독일의 페르디난트 폰 체펠린* 백작이 만든 거대한 비행선들은 대형 여객선만큼 안락한 데다 시속 100킬로미터에 달하는 빠른 속력으로 수만 명의 승객을 실어 나를 수 있었다. 그라프 체펠린 호는 대서양을 무사고로 144번이나 횡단하기도 했다. 그러나 1937년 5월 6일, 독일과 미국 왕복 비행선이 열 번째 비행을 마쳤을 때 사고가 일어났다. 뉴욕 근처의 레이크허스트 공항에 착륙하던 힌덴부르크 호에 불이 붙어 폭발이 일어난 지 40여초 만에 잿더미로 변해 버린 것이다.

이 비극적인 사건으로 대형 비행선 시대는 막을 내렸다. 그때부터 속력이 더 빠른 비행기가 연료를 재보급받지 않고 항행할 수 있는 행동 반경과 유효 적재 하중을 높이면서 항공 수송을 장악했다. 20세기 전반을 기구의 시대라고 한다면 20세기 후반은 비행기의 시대라고 할 수 있다.

● ● ●

페르디난트 폰 체펠린(Ferdinand Adolf August Heinrich von Zeppelin, 1838~1917) 독일의 비행선 발명가. 군인으로서 군사 연구를 위해 유럽과 미국을 여행했다. 군용 기구를 띄우기 위해 노력했으며, 제대 후에는 본격적으로 비행선 발명에 나섰다.

3

공기보다 무거운 기계는

어떻게 날까?

비행기는 언제 등장했을까?

새는 공기보다 더 무겁다. 그런데도 날 수 있다. 새의 비행에서 주목할 점은 새가 두 가지 방법을 사용하고 있으며, 그 두 방법이 서로 완전히 다르다는 것이다. 첫 번째는 활공으로서, 이때는 날개의 움직임이 최소한으로 줄어들기 때문에 많은 에너지를 소비하지 않을 것 같다. 자전거를 타고 내리막길을 내려가면 페달을 밟지 않아도 그냥 내려가는 것처럼 말이다.

날개를 치면서 나는 두 번째 방법은 에너지를 많이 소모한다. 새는 특히 이륙할 때 날갯짓을 많이 해야 한다. 앞에서 본 비행선의 조종사들이 더 자유로운 비행을 위해 기구의 조종 기능을 발전시키려고 한 것과 마찬가지로 자유 비행 조종사들은 새를 보면서 새처럼 자력으로 추진력을 가질 수 있다면 더 멀리 갈 수 있지 않을까 하고 궁리했다.

레오나르도 다 빈치는 날개를 이용한 장치를 고안했지만, 날개짓을 해서 난다는 아이디어는 일찌감치 좌절되었다. 대신 고대 중국에서부터 사용된 폭죽에 착안하여 폭죽처럼 반동력을 이용하면 비행 조종술을 조금 더 보완할 수 있을 거라는 아이디어가 등장했다. 이 아이디어는 엔진을 사용한 비행기가 처음 등장한 지 40년이 지나서 실현되었다.

비행기가 엔진의 추진을 이용해서 처음 이륙에 성공한 것은 1890년 10월 9일이다. 프랑스의 클레멩 아데르°가 만든 에올°호가 지상 수십 센티미터 높이에서 수십 미터를 난 것이다. 아데르는 엔진 분야의 전문가로, 직접 만든 증기 기관을 에올 호에 달았다. 장소를 적게 차지하고 무게가 가벼웠으며, 공기보다 더 가볍게 해 주는 기능도 이미 상당히 갖추고 있었지만, 증기 기관 자체가 비행을 유지하고 조정하기에는 알맞지 않았다.

비행의 선구자라고 불리는 라이트 형제°가 비행에 성공한

. . .

클레멩 아데르(Clemént Ader, 1841~1926) 프랑스의 공학자이자 연구가. 도로건설국에 근무하다가 퇴직한 후 독학으로 비행기 연구에 몰두했다. 에올이 비행에 성공한 이후에도 추진기를 두 개 단 좀 더 큰 비행기인 아비옹(Avion)을 만드는 등 연구를 계속했다.

에올(Éole) 바람의 신인 이올로스의 프랑스 어 이름.

것은 1903년의 일이었다.

　대형 비행선이 전성기를 누린 후 30년간 산투스뒤몽, 부아쟁 형제, 블레리오, 파르망 형제, 코스트와 벨롱트, 라테코에르, 린드버그 등 모험을 좋아하는 사람들과 기업인들의 주도 하에 비행기 산업은 기술 면에서 빠른 진보를 이루었다. 특히 제1차 세계대전과 제2차 세계대전은 비행기 산업에 힘을

● ● ●

라이트 형제(Wilbur Wright(1867~1912), Orville Wright(1871~1948))　미국의 항공가. 형제가 공동으로 기계 완구와 자전거 가게를 운영하다가 릴리엔탈의 글라이더 비행 소식을 듣고 비행기 제작에 나섰다. 1903년에 날개가 두 개에 가솔린 모터를 단 비행기인 플라이어 1호를 만들어 1차에는 45미터, 2차에는 283미터를 날았다. 이후 각지를 순회하면서 비행을 펼치고 여러 나라에 연구비 지원을 호소한 끝에 미연방 정부에서 비행기 1대를 샀다. 프랑스 회사의 제의를 받아 비행기 회사를 설립하여 유럽의 비행기 제작에 선진적인 역할을 하였다.

최초의 비행에 대한 논란　프랑스에서는 아데르가 처음으로 비행에 성공한 날을 '항공의 날'로 정해 기념하고 있다. 프랑스어에서 비행기를 뜻하는 아비옹은 아데르의 동력 비행기 이름이기도 하다. 그러나 이 실험 비행 중에 점프를 했으므로 최초의 동력 비행은 아니라는 설도 있다. 그래서 많은 사람들이 라이트 형제의 비행을 최초의 동력 비행으로 인정한다.

산투스뒤몽(Santos-Dumont, 1873~1932)　브라질에서 프랑스로 건너온 항공가. 수소 기구를 이용한 비행에서 두각을 나타냈다. 라이트 형제가 비행에 성공한 이후 비행기 쪽으로 연구 방향을 바꾸었다. 그의 가장 큰 업적은 현대 경비행기의 직접적인 조상인 드무아젤(Demoiselle)을 발명한 것이다. 비행기가 군사적으로 이용되는 데 절망하여 자살했다.

블레리오(Louis Bleriot, 1872~1936)　프랑스의 항공가. 비행기로 영국 해협을 건너 최초로 바다를 건넌 항공가로 이름을 남겼다.

더해 주게 되는데, 원자의 등장에 따른 경우를 제외하고는 유례를 찾아볼 수 없을 정도의 붐이었다. 군에서는 라인 강과 대서양을 사이에 두고 기구 대신 비행기를 정찰 목적으로 띄웠다. 런던과 진주만, 드레스덴과 히로시마 등지에서 새로운 전술이 선을 보였다. 주연은 단연 비행기였다.

1929년에 프리츠 폰 오펠ᐟ이 첫 제트기 비행에 성공한 데이어 1947년 10월 14일에는 찰스 척 예거ᐟ가 조종하는 벨 엑스원(Bell X-1)이 드디어 음속의 벽을 돌파하기에 이르렀다.

● ● ● ●

부아쟁 형제(Gabriel Voisin(1880~1973), Charles Voisin(1882~1912)) 프랑스의 항공가. 1903년, 항공기 제작자인 에르네스 아르크디콩과 손을 잡고 비행기 제작에 착수하여 1907년에 처음으로 동력 비행에 성공했다. 이후 1908년부터 부아쟁 공장을 만들어 본격적으로 비행기를 제작했다. 부아쟁 공장은 제1차 세계대전 이전에 유럽에서 가장 두드러진 실적을 보인 비행기 제작소였다.

파르망 형제(Henry Farman(1874~1958), Maurice Alain Farman(1877~1964)) 프랑스의 항공가. 처음에는 브와쟁 형제와 함께 비행기를 만들다가 1908년 독립적인 회사를 만들었다. 최초로 1킬로미터를 1분 안에 비행, 최초로 승객을 태우고 국가를 넘는 비행 성공 등 많은 기록을 세웠다.

벨롱트(Maurice Bellonte, 1896~1984) 프랑스의 항공가.

라테코에르(Latécoère) 젊은 사업가인 피에르조르주 라테코에르(Pierre-Georges Latecoere)가 친구들과 함께 1918년에 만든 항공사. (Latécoère Air Line = LAL) 최초로 유럽과 미대륙 간 정기 항공편을 개설한 항공사이다.

린드버그(Charles Augustus Lindbergh, 1902~1974) 미국의 비행사. 최초로 대서양 단독 횡단 비행에 성공했다.

그 후 채 반세기도 안 되는 시간이 흐르는 동안 프랑스의 조르주 기느머*나 독일의 만프레트 폰 리히트호펜* 같은 전설적인 조종사를 비롯하여 조종사 수천 명이 활약하면서 비행기 조종사는 오늘날과 같이 하나의 직업으로 자리 잡았다.

비행기는 어떻게 날 수 있는 걸까?

유체 역학

비행기가 날 수 있는 원리를 이해하려면 물리학의 원리부터 알아야 한다. 가장 먼저 필요한 학문은 힘과 운동과의 관계를

● ● ● ●

프리츠 폰 오펠(Fritz Adam Hermann Von Opel, 1899~1971) 독일의 자동차 산업가이자 로켓 공학자.
찰스 척 예거(Charles Chuck Yeager, 1923~) 미국의 비행기 조종사. 제2차 세계대전에서 항공 기기 조작 및 조종사로 싸웠다. 음속 돌파를 비롯하여 많은 시험 비행을 했다.
조르주 기느머(Georges Guynemer, 1894~1917) 프랑스의 항공 조종사. '프랑스에서 가장 사랑받는 에이스'라는 별명을 가지고 있다. 수많은 무공을 세워서 레지옹도뇌르 훈장 외에 여러 훈장을 받은 군인이다. 1917년, 작전 도중 실종되었다.
만프레트 폰 리히트호펜(Manfred von Richthofen, 1892~1918) 독일의 군인이자 비행기 조종사. 제1차 세계대전 중 80회의 전투를 승리로 이끈 독일군의 에이스로, 지금까지도 에이스 중의 에이스로 추앙받고 있다.

연구하는 **역학**과 힘의 평형을 연구하는 **정역학**이다. 뉴턴은 현대 역학의 기초라 할 수 있는 『프린키피아』[•]에서 등속 직선 운동으로 움직이는 물체는 물리적으로 볼 때 정지 상태에 있는 물체와 같으며, 그 물체에 가해지는 힘의 합은 0이라고 설명한다. 힘을 받는 순간 물체는 그 속도가 변하거나(증가할 수도 있고 감소할 수도 있다.) 궤도를 바꾸게 된다.

비행기를 예로 들어 보자. 이것은 즉 비행기가 똑같은 속도를 유지하면서 직선으로 날 경우 비행기가 받는 힘의 합은 0이라는 말이다. 이때 비행기가 받는 힘은 일반적으로 네 가지로 구분된다. 첫 번째는 프로펠러에서 나오는 견인력(또는 제트엔진에서 나오는 추력)이고, 두 번째는 공기의 저항 때문에 생기며, 견인력과 평형을 이루면서 비행기의 움직임을 방해하는 항력이다. 세 번째는 비행기의 무게에 따른 중력이며, 마지막 네 번째가 바로 중력을 상쇄시키며 비행기를 공중에 뜨게 하는 신비한 힘인 양력이다.

• • •

『**프린키피아**(*Principia*)』 뉴턴의 저서. 프린키피아는 '원리', '원칙'이라는 뜻의 라틴어이다. 이 책의 원제는 『자연철학의 수학적 원리(*Philosophiae Naturalis Principia Mathematica*)』이며, 전 3권에 걸쳐 운동과 힘의 관계, 천체의 운동을 다루고 있다.

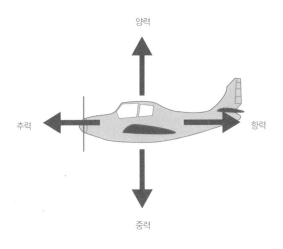

양력

추력

항력

중력

비행기가 받는 네 가지 힘

　빨리 달리는 자동차 안에서 창문 밖으로 손을 내밀면 양력과 항력을 느낄 수 있다. 손을 옆으로 눕혀 내밀어 보면 손은 공기를 가르고 나가며, 특별히 신경 쓰거나 힘을 주지 않아도 손은 수평으로 유지된다. 하지만 손을 약간 기울이면 기울기에 따라 힘을 받으며, 그 힘에 손이 들리거나 숙여지거나 뒤쪽으로 밀리기도 한다. 손바닥을 정면으로 세우면 손을 올라가거나 내려가게 하는 힘은 더 이상 받지 않는 대신, 손의 표면적과 자동차의 속도에 비례한 세기로, 손에 수직으로 작용하는 공기의 저항을 받아 내느라 힘이 든다.

이런 방법으로 공기의 물리적 성질을 쉽게 알 수 있다. 이때 손으로 느끼는 압력은 공기 중에 있는 기체 분자들이 모두 손에 충돌하면서 생기는 것이다. 이 기체 분자들은 각각 분자마다 질량을 지니고 있으며, 충돌 속도가 클수록 더 큰 에너지로 손에 부딪친다. 이때 운동 에너지는 질량과 속력의 곱과 같다.

손을 기울였을 때, 손을 올리려는 힘은 양력, 손을 뒤쪽으로 밀어내는 힘은 항력에 해당된다. 이제 이 양력에 대해서 좀 더 자세하게 알아보자.

베르누이의 법칙

양력은 공기 흐름의 성질 자체에서 생기며, 공기의 물리적 성질과 유동성만이 아니라 점성과 이동할 때의 속력도 양력에 영향을 미친다. 양력을 이해하기 위해서는 **공기 역학**을 알아야 한다. 공기 역학은 유체 역학에서 특히 실험적인 요소가 강한 분야이다.

자동차 창문 밖으로 손을 내미는 예로 다시 돌아가 보자. 공기를 가르는 손을 보면 수상 스키를 타는 것과 비슷해 보이지 않는가? 수상 스키를 탈 때 물이 스키를 받치는 것처럼, 창문 밖으로 내민 손을 공기가 아래쪽에서 받치고 있으니까 말이다. 이것은 일부만 옳다. 유체 역학의 눈으로 보면 더욱 놀라운 사실이 숨어 있다.

수상 스키의 원리와 완전히 같지 않고 일부만 맞는 이유는, 손이 공기의 표면을 서핑하는 것이 아니기 때문이다. 손은 공기라는 유체 안에 완전히 들어가 있는 상태이며, 공기는 손바닥 아래에만 있는 것이 아니라 손바닥 위쪽에도 존재한다. 결론부터 말하자면 비행기를 날게 하는 것은 바로 날개 위쪽에 있는 공기이다.

어떤 물체가 바람 속에서 움직이지 않을 때와 정지된 공기 속을 움직이고 있을 때, 이 두 현상은 서로 반대로 보이지만 한편으로는 같은 현상이라고 할 수 있다. 물체에 가해지는 힘은 같기 때문이다.

바람이나 물이 통하는 관의 실험을 통해 왜 그런지 알아보자.

다음 장의 그림과 같은 관이 있을 경우, 관을 지나서 나오는 유체의 양은 관에 들어갈 때의 양과 동일하며, 관의 지름이 좁아진 부분에서는 유체의 속력이 빨라졌다가 그 부분을 지나고 나면 다시 처음 속력으로 다시 돌아온다.

토리첼리가 사용한, U자 모양의 시험관과 비슷하면서 한쪽 끝은 관 내부로 연결되어 있고 다른 한쪽 끝은 외부로 열려 있는 작은 파이프를 여러 개 놓는다. 이 파이프들을 통해 관 내부의 다양한 위치에서 받는 압력의 차이를 외부에서 확인해 볼

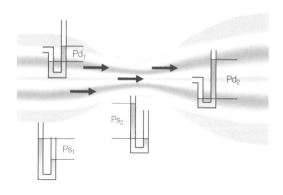

관 내부의 다양한 위치에서 받는 압력의 차이

수 있다.

　압력을 측정하기 위해 관의 내부로 열려 있는 파이프의 구멍이 유체의 흐름과 수직을 이룰 경우, 움직이는 유체의 운동에너지 때문에 **동압력**(Pd)이 작용한다. 반대로 파이프의 구멍이 유체의 흐름과 평행을 이루면 **정압력**(Ps)이 작용한다.

　유체의 흐름이 없을 경우, 내부와 외부의 압력은 차이가 없고, 동압력과 정압력의 차이도 없다. 좁아진 부분에서 받는 압

● ● ● ●

　동압력과 정압력　동압력이란 유체의 운동을 막았을 때 생기는 압력을 말하고, 정압력이란 멎어 있는 유체 속에서 물체가 받는 압력 또는 유체와 같은 속도로 운동하는 물체가 유체로부터 받는 압력을 말한다.

력과 좁아지기 전에 받는 압력도 같다.

유체가 관을 지나고 있을 때는 상황이 달라진다. 우선 관이 좁아지기 전의 동압력 Pd_1과 정압력 Ps_1은 값이 일정하다. 그런데 좁아진 부분에 가면 동압력 Pd_2가 유체의 속력에 따라 커지는 것을 알 수 있다. 이는 U자 모양의 작은 파이프의 물을 밀어내는 유체 분자들의 에너지가 증가했다는 뜻이다. 특이한 점은 좁아진 부분에서 동압력은 증가하는 반면 정압력은 오히려 감소한다는 것이다.

18세기 말에 역사적으로 유명한 과학자 집안인 베르누이 가문의 다니엘 베르누이˚가 이런 현상을 관찰한 후 이 현상을 설명할 수 있는 법칙을 세웠다.

과학의 역사에서 흔히 볼 수 있는 것처럼 베르누이의 발견도 처음에는 그저 이론적인 이야기였다. 일단 응용이 되고 나면 없어서는 안 되는 것이 되지만, 처음에 언뜻 보기에는 그다지 쓸모가 없을 것 같고, 엉뚱한 생각을 하는 사람들이나 생각할 법한 이론 말이다.

●　●　●

베르누이(Daniel Bernoulli, 1700~1782) 스위스의 수학자이자 물리학자. 운동과 에너지, 유체를 다루는 역학 분야에서 많은 업적을 남겼다. 특히 베르누이의 정리와 기체 법칙(보일의 법칙)이 유명하다.

베르누이의 법칙은, 유체가 흐르고 있을 경우 전 압력 Pt는 정압력 Ps와 동압력 Pd의 합과 같고, 이때 전 압력은 흐름 전체에 걸쳐 일정하다는 것이다. 흐르는 속도가 0이 되면 동압력은 0이 된다. 그때는 움직이지 않는 유체의 표면이 받는 압력, 즉 기압만이 존재하며, 그것이 정압력의 값이 된다. 공기가 움직일 때는 공기 흐름의 속도가 증가함에 따라 동압력은 증가하고, 정압력은 감소한다. 다시 말해서 공기가 더 빨라질수록 정압력은 감소한다.

종이 두 장만 있으면 베르누이의 법칙에서 말하는 대로 공기의 움직임에 따라 압력이 감소되는지 확인할 수 있다. 두 장의 종이 사이로 입김을 불어넣으면 그 종이들은 거의 달라붙을 만큼 서로 가까워지려고 하는데, 이는 두 종이 사이에 있는 공기가 속력을 갖게 되면서 정압력이 외부 압력보다 약해졌기 때문이다. 이때 외부에서 종이들을 서로 달라붙게 미는 것이 바로 기압의 힘이다.

대표적인 또 다른 예로는 분무식 향수병이 있다. 밸브를 누르면 향수병 안의 가느다란 대롱으로 공기가 매우 빠르게 통과하면서 대롱 내부가 저압 상태가 된다. 따라서 밑에 있는 향수가 끌려 올라와 분무가 가능해진다. 이때 향수가 배출되는 공기에 섞여 나오는 것이다. 분사구가 좁은 것도 공기의 속도를 빠르게 만들어 줌으로써 장치의 기능을 높이기 위해서이다. 연료를 안개처럼 만들어 뿌리는 자동차의 기화기나 연구소에서 볼 수 있는 수류 펌프[•]를 단순화시킨 장치도 그와 비슷한 원리를 이용한 것이다. 이 장치를 연결하면 평범한 수도꼭지로도 물을 40배까지 더 잘 끌어올릴 수 있다.

이처럼 바람 속에서 압력이 낮아지는 효과를 **벤투리 효과**라 🍎 고 한다. 수많은 분야에서 이 효과를 응용하고 있으며, 이 효과 때문에 벌어지는 사고와 사건도 많다. 예를 들어 시카고의 존 행콕 빌딩에서는 건물 사이를 빠져나가면서 속도가 빨라진 바람이 저압 상태를 만드는 바람에 건물의 외관을 장식하고 있던 커다란 유리판들이 갈라져 나와 낙엽처럼 땅에 떨어지기도 했다. 압력차가 큰 심장 병변에 내막염이 생기는 것도 벤투리 효과 때문이다.

이번에는 촛불 실험을 해보자. 촛불을 켜놓고, 테니스공 정도 크기의 공과, 같은 크기의 원판으로 가리고 촛불을 불어 보는 것이다. 공으로 가리고 불었을 경우, 공이 바람을 제대로 막

• • • •

수류 펌프 굵기가 고르지 않은 관 속을 지나는 수류가 부분적으로 압력차가 생기는 원리를 이용해 공기나 액체를 배출하는 데 쓰이는 펌프.

지 못해 불꽃이 꺼지는 것을 확인할 수 있다. 바람이 마치 공 뒤쪽에서 다시 만들어지기라도 한 것처럼 말이다. 반면에 원판을 사이에 두고 불면 불꽃은 마치 빨아들인 것처럼 바람을 부는 사람 쪽으로 올라온다. 이는 바람이 원판에 닿았을 때 바람의 방향에 수직으로 흩어지게 되고, 일정한 속도를 가지고 사방으로 퍼지는 그 바람이 원판의 가장자리를 저압 상태로 만들면서 그 결과 뒤쪽에 있는 공기를 올라오게 하기 때문이다.

같은 원리로 시디를 가지고 더 재미있는 실험을 해볼 수 있다. 이때 마분지에 구멍을 뚫고 그걸로 시디를 덮어서 구멍 크기를 절반 정도로 줄이면 더 좋다. 트럼프 카드 한 장을 시디 구멍 반대편에 붙인 다음 시디 구멍에 바람을 불어넣어 보자. 언뜻 예상하기에는 그 카드가 멀리 날아갈 것 같다. 하지만 결과는 그렇지 않다. 계속 바람을 불어넣는 한 카드는 시디와 매우 가까운 거리를 유지하면서 그대로 붙어 있다. 이때의 원리는 촛불과 원판을 가지고 실험했을 때와 동일하다. 카드에 부딪치는 바람은 카드와 시디 사이의 좁은 공간으로 재빨리 흘러들어가 이 두 면과 평행한 바람을 만든다. 베르누이의 법칙을 잘 이해했다면 그 다음 설명을 이어 갈 수 있을 것이다. 카드 뒤쪽의 공기는 정상적인 기압 상태인 반면 카드와 시디 사이의 공기는 바람으로 인해 압력이 약해져 카드가 시디에 붙어 있다고 하는 것이 올바른 설명이다. 한편 이 모든 것이 역동적으로 일어나면서 고압에서 저압으로 가는 바람이 만들어지기 때문에 카드가 시디에 밀착되는 힘은 한층 더 강해진다.

빠르게 달리는 자동차를 도로에 바짝 붙게 만드는 '그라운드 이펙트' 역시 원리가 같다. 자동차는 차체와 도로 사이로 많은 양의 공기가 빠져나가고 그 공기가 자동차 위쪽을 지나는 공기보다 더 빠른 속도로 흐르도록 디자인된다. 이때 자동차와 도로 사이의 공기는 흔히 할 수 있는 생각과는 달리 자동차를 지면에서 띄우는 것이 아니라 지면에 달라붙게 만든다.

베르누이의 법칙과 관련된 내용을 알아볼 수 있는 또 한 가지 실험은 헤어드라이어의 바람을 이용해 탁구공을 공중에 띄우는 것이다. 앞에서 기구를 이야기할 때 나온, 분수 물줄기 위에 계속 떠 있는 공과 같은 원리라고 할 수 있다. 헤어드라이어가 기울면 탁구공은 얼마간 떠 있다가 떨어지므로 공이 떨어지지 않게 하려면 헤어드라이어를 잘 조준해야 한다. 여기에서 주목할 점은 바람에 떠 있는 공이 몹시 빠르게 회전하고 있다는 사실이다.

이것은 유체의 점성 때문에 생기는 **코안다 효과**로 설명할 수 있다. 예를 들어 가는 물줄기를 탁구공과 같은 둥근 표면을 지나 흐르게 하면 물줄기가 공의 형태를 그대로 따르면서 공에 달라붙듯 흐르는 것을 볼 수 있다.

돌고 있는 탁구공은 마찰로 공기를 끌고 들어가려는 성질을 보인다. 만약 이 공이 바람 속에서 돌고 있는 것이라면 공의 회전 방향과 바람의 방향에 따라 두 가지 현상이 나타날 수 있다. 앞의 그림에서처럼 공 아래쪽에 부는 바람이 위쪽에 부는 바람보다 **빨라** 공이 아래로 향하는 힘을 받을 수도 있고, 반대로 위쪽에 부는 바람이 아래쪽에 부는 바람보다 **빨라** 공이 위로 향하는 힘을 받을 수도 있다. 테니스 선수가 구사하는 기술 가운

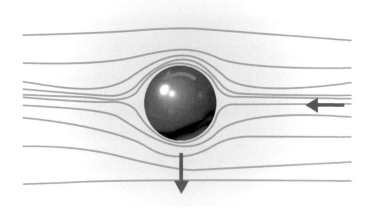

코안다 효과

공기나 물이 흐르다가 벽에 부딪치면
벽을 따라 흐르는 원리

데 공을 짧게 끊어 치는 기술이 바로 이 효과를 이용한 것으로, 이렇게 치면 공을 치는 힘도 절약된다. 축구 선수가 페널티 킥을 할 때 공을 쓸듯이 차 공이 수비벽을 피해 날아가게 하는 것도 같은 원리이다.

이제까지 이야기한 예들을 통해 베르누이의 법칙이 얼마나 놀랍고 신기한 것인지 알 수 있다. 사실 바람 때문에 압력이 낮아지면서 공기를 빨아들일 수 있다는 상상은 말도 안 되는 것처럼 보일 수도 있다. 직관적으로 바람은 압력을 높인다고 생각하기 쉽기 때문이다. 비행기 날개의 원리도 분명 쉽게 알아낼 수 있는 간단한 문제는 아니다. 하지만 모험 정신이 투철한 여러 위인이 거듭 실험하고 검증해 본 결과 결국 멋진 성과를 거두어 냈다.

이렇게 해서 질문에 대답하기 위한 기본 개념들을 다 배웠다. 오늘부터는 태풍에 우산이 날아갈 때 바람은 우산 위쪽에서 빠르게 불고 있는데 왜 우산이 아래쪽이 아니라 위로 날아가는지 이해할 수 있을 것이다. 그리고 바람이 많이 부는 날, 일기예보에서 왜 고기압이 아니라 저기압이라고 얘기하는지도 말이다. 그럼 이제 드디어 이 책의 질문에 대한 답으로 넘어가 보자.

날개 때문에 비행기가 날 수 있는 것일까?

비행기 날개의 단면을 보면 윗면은 둥글게 곡선으로 되어 있고, 아랫면은 평평한, 아주 특징적인 모양을 하고 있다. 공기는 날개 앞에 부딪히면서 두 흐름으로 나뉘는데, 하나는 날개 아랫면을 따라가고, 다른 하나는 날개 윗면을 따라간다. 그리고 그 두 가지 공기의 흐름은 날개 뒤쪽에서 다시 만난다.

비행기를 공기가 받치고 있는 것은 사실이다. 비행기가 전진할 때 날개 아랫면은 바람의 동압력을 받게 되는데, 받음각(공기 흐름 방향과 날개와의 각도)이 커질수록 날개 면에 수직으로 작용하는 동압력이 증가한다. 따라서 날개를 위로 밀어 올리려는 고압 상태가 만들어지는 것이다. 동시에 날개 윗면의 공기가 좁아진 길을 지나는 것처럼 아랫면 공기보다 더 빠르게 흐르면서 저압 상태가 만들어지고, 그 결과 아래쪽의 공기가 위로 끌어올려지는 현상이 나타난다. 그렇게 끌어올리는 힘은 날개 아래에서 밀어 올리는 힘보다 4배 내지 5배 더 크게 작용한다.

그 힘들의 합력, 즉 **공기 역학적 합력**은 바람에(또는 비행기가 가는 방향에) 수평으로 작용하는 힘과 바람에 수직으로 작용하는 힘으로 나눌 수 있다. 첫 번째 힘이 바로 항력이고, 두 번째

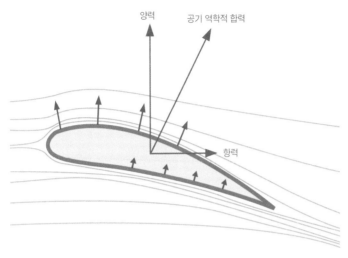

양력

공기 역학적 합력

항력

비행기 날개에 작용하는 힘

힘이 양력이다.

이러한 원리가 정확하게 작동되려면 바람이 비행기의 윤곽을 그대로 타고 지나갈 수 있어야 한다. 그러기 위해서는 공기

● ● ● ●

날개 윗면의 공기가 더 빠르게 흐르는 이유 공기는 끊기는 구역, 즉 진공 상태의 구역을 만들지 않으려는 성질을 가지고 있다. 비행기에서 보자면 날개 앞에서 위아래로 갈라진 공기가 날개 뒤에 동시에 도착해야 흐름이 끊어지지 않는다. 그런데 윗면의 공기는 곡선 모양의 굽은 표면을 따라 가야 하기 때문에 결과적으로 더 긴 경로를 통과해야 한다. 따라서 날개 아랫면을 따라 흐른 공기와 동시에 도착하기 위해서는 속도를 높이는 수밖에 없는 것이다.

의 흐름들이 서로 섞이지 않고, 얇은 층을 이루며, 흐트러지지 않아야 한다. 즉 **층류**를 유지할 필요가 있다. 층류에서 공기의 흐름은 서로 평행한 상태로 이동하며, 다른 흐름 위로 미끄러질 수는 있지만, 공기 입자가 한 흐름에서 다른 흐름으로 이동하는 일은 없다. 그런데 비행기 뒤로 가까이 가면 서로 속도와 방향이 다른 날개 윗면과 아랫면의 공기가 만나게 되어 소용돌이, 즉 난류가 발생한다. 대형 여객기가 이륙한 후 다음 비행기가 이륙하려면 공기가 진정될 때까지 몇 분을 기다려야 할 만큼 난류가 상당한 위력을 발휘할 때도 있다.

날개를 더 위로 향하게 하면 날개 윗면을 따라 난류가 더 빨리 나타나고, 저압 상태도 약해진다. 날개가 일정 각도를 넘어서서 양력이 더 이상 무게 균형을 잡을 수 없게 되는 상태가 바로 비행기 조종에 필요한 속도를 잃는 실속 상태이다.

날고자 하는 소망과 이런저런 현상을 설명하려는 연구 덕분에 돛의 기능도 제대로 이해할 수 있게 되었다. 사람들이 흔히 생각하는 것과 오랫동안 믿어 왔던 것과는 달리 범선은 단지 바람이 미는 힘으로만 가는 것이 아니다. 그 힘으로만 간다면 배는 바람의 방향대로만 가야 할 것이다. 배가 바람의 방향과 어긋나게도 갈 수 있는 것을 설명하기 위해 쐐기 효과˚를 내세우기도 하는데 이는 그다지 설득력이 없는 주장이다. 게다가

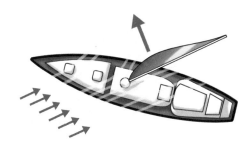

배의 돛 또한 비행기 날개처럼 돛 안쪽과 바깥쪽의 압력 차이를 이용해 부푼다.

이 효과로는 바람과 거의 정면으로 마주한 채 바람을 타고 갈 수 있는 원리를 설명할 수 없다.

　배의 돛이 작동하는 방식은 비행기 날개의 원리와 같다. 우선 돛 안쪽에서 바람이 고압 상태를 만들고, 그로 인해 돛이 부푼다. 돛 바깥쪽은 공기가 빨리 움직이면서 저압 상태가 되는데 그 역시 돛이 부푸는 것을 도와준다.

　비행기 날개에서와 마찬가지로 저압으로 인해 받는 힘이 돛

● ● ● ●

쐐기 효과 점성을 지닌 유체가 넓은 공간에서 좁은 공간으로 밀려 들어갈 때 발생하는 효과. 좁은 면적으로 유입된 유체는 압력이 높아져 물체를 띄우게 된다.

안쪽 면에서 압력으로 인해 만들어지는 힘보다 훨씬 더 크다. 그리고 이러한 힘의 방향과 상관없이 뱃머리의 방향을 유지하기 위해 범선에는 비행기 꼬리날개와 비슷한 역할을 하는 키가 갖추어져 있다.

돛의 양쪽 면을 지나는 공기의 흐름이 다시 만나 배가 지나간 뒤에 난류가 형성된다는 점도 비행기와 같다.

난류

오늘날 유체 역학은 더 이상 베르누이의 법칙이 말하는 방정식에만 만족하지는 않는다. 미학적인 부분도 신경 써야 하고, 일기예보의 측면도 고려해야 하며, 가스 형태였던 최초의 우주 내부에서 일어난 카오스적인 움직임에 대한 관측과 이해로 이 세계의 탄생을 설명하는 이론과도 조화를 이룰 수 있어야 하는 것이다. 공기 역학과 항공학에서도 역시 베르누이 법칙의 틀을 넘어서서 난류를 연구하여 난류를 더 잘 제어하고, 난류의 출현을 막거나 적어도 지연시키려 하고 있다.

난류는 층류의 흐름들이 서로 섞여 들어가거나 서로 방향과 속도가 다른 흐름들이 만날 때 발생한다. 교각 뒤쪽을 보면 기둥을 돌아간 물살들이 서로 엉키듯 합쳐지는 것을 볼 수 있는데 난류도 그와 같다. 커피에 우유를 섞을 때도 난류를 볼 수 있다. 분자의 차원에서 완전히 섞이기 전에 우유는 예쁜 소용돌이 모양을 만들면서 갈라지듯 섞여 들어간다.

베르누이의 방정식은 층류가 아닌 다른 흐름들은 고려하지 않고 있다는 점과 층과 층 사이에서 나타나는 마찰 현상도 염두에 두지 않는다는 점에서 실제를 지나치게 단순화하는 문제가 있다. 오일러와 코시를 지나 19세기 말, 나비에와 스토크스의 연구를 통해 유체의 난류 상태를 기술할 수 있게 해준, 상대적으로 단순한 방정식이 등장했다.

나비에-스토크스 방정식은 난류 현상을 분자 차원에서 기

●●●●

오일러(Leonhard Euler, 1707~1783) 스위스의 물리학자이자 수학자. 삼각함수의 약호와 오일러의 정리로 유명하다. 뉴턴의 뒤를 이어 미분학과 적분학을 완성하고 기하학 부문에서도 큰 업적을 남겼다.

코시(Baron Augustin Louis Cauchy, 1789~1857) 프랑스의 수학자. 미분 방정식과 미적분의 기초를 확립했다. 복소변수함수론을 수학의 독립적인 분야로 만드는 등 다양한 방면에서 많은 업적을 남겼다.

나비에(Louis Marie Henri Navier, 1785~1836) 프랑스의 공학자이자 물리학자. 1823년, 비압축성인 점성 유체에 대한 운동의 방정식(나비에-스토크스 방정식)을 제출, 점성 유체 취급의 기초를 세워 유체 역학에 크게 이바지하였다. 탄성 역학 면에서도 힘과 변위로부터 일(에너지)의 식을 구하고, 변분법을 사용하여 평형 방정식과 경계 조건을 동시에 구하는 방법을 발견하였다.

스토크스(George Gabriel Stokes, 1819~1903) 영국의 수학자, 물리학자. 수학 분야에서 미분과 적분방정식, 물리학 분야에서 유체 역학, 광학, 음향학 등에서 뛰어난 성과를 남겼다.

술한 것이다. 어떤 점성에 의해 서로 연결되어 있는 입자 전체 중에 하나의 입자가 받게 되는 가속을 그 입자의 속도와 위치, 장소의 압력에 따라 계산한다. 이 방정식은 꽤 근거 있는 수학적 연산 기호들에 도움을 청함으로써 역동적인 시스템의 한 지점에서 일어나는 현상을 기호들을 통해 상당히 간단하게 기술해 내고 있다.

나비에-스토크스 방정식은 나온 지 백 년도 더 지났지만 움직이고 있는 유체의 난류의 습성에 관해서 기대하는 만큼의 내용을 모두 얻어 내지 못한 상태이다. 가장 성과가 좋은 응용 분야는 기단(대기 덩어리)의 습성을 표본화하는 것으로, 이는 우주의 가스 소용돌이 내부에서 성단이 만들어지는 현상을 표본화하는 것과 매우 유사하다.

컴퓨터 전문가들이 생생한 시뮬레이션을 만들 때 사용하는 기술이 바로 스토크스의 연구에서 아이디어를 얻은 것이다. 그래픽 요소 각각의 움직임이 일반적인 규칙(중력, 바람, 점성 등)과 각 요소에 고유한 개별 규칙(가까이 가거나 끌어당기거나 충돌하는 따위의, 주변 환경이나 다른 요소와 상호작용을 하는 방식)에 따라 결정되도록 프로그램을 짜는 기술을 말한다. 특수한 행동 시뮬레이션을 떠올리면 된다. 모기 떼가 나는 모습에서부터 고속도로를 달리는 자동차의 흐름, 기단이 만들어지는 과정까지 동일한 프로그램 기술을 통해 여러 가지 시뮬레이션을 만들 수 있다.

요컨대 현재 유체역학과 관련된 모든 연구의 중심에 나비에–스토크스 방정식이 있다고 보면 된다.

양 날개만 있으면 비행기가 날 수 있을까?

양 날개만 갖춘 비행기는 안정적이지 못하다. 급강하할 수도 있고, 수평 상태를 유지하기도 몹시 힘들다. 그래서 비행기는 새가 꼬리를 가지고 있는 것처럼 **꼬리 날개**를 가지고 있다. 바로 비행기 뒤쪽에 있는 날개 전체를 두고 이르는 말이다. 우선 작은 수평 꼬리 날개를 살펴보자. 수평 꼬리 날개의 모양이 꼬리를 아래로 미는 힘이 생기도록 만들어져 있다는 것을 확인할 수 있다. 이는 비행기의 전체 양력을 그런 식으로 조금 줄임으로써 자연적으로 급강하하려는 성질을 확실하게 감소시키려는 것이다. 비행기를 올라가게 하거나 내려가게 하고 싶을 때도 수평 꼬리 날개 부분을 아주 조금 움직여 주기만 하면 된다.

꼬리 날개의 수직 부분은 방향키, 즉 비행기의 방향을 바꾸는 데 쓰인다. 그런데 그렇게 방향이 꺾일 경우 승객들이 불쾌

꼬리날개 ─
방향키
승강키
고양력 장치(플랩)
도움날개

비행기의 각 부분 명칭

할 수 있기 때문에 자전거를 탄 사람이 하듯이, 비행기를 좌우로 기울이는 방식으로 방향을 꺾는다.

비행기를 조종하는 데 있어 가장 중요한 장치로는 추진력을 주는 동력 장치와 올라가고 내려갈 때 조종간으로 움직이는 수평 꼬리 날개의 승강키, 방향을 바꿀 때 발로 페달을 밟아 움직이는 수직 꼬리 날개의 방향키가 있다. 방향 전환 시 조종간을 왼쪽이나 오른쪽으로 기울여서 비행기를 기울인다. 그러면 날개에 있는 도움 날개가 올라가거나 내려감으로써 양쪽 날개의 양력이 서로 달라져 비행기가 기울어진다.

조종사는 비행은 물론이고 이륙과 착륙도 할 줄 알아야 한다. 순항 속도가 시속 900킬로미터인 대형 항공기의 이륙과 착륙은 시속 200~300킬로미터 정도의 속도로 이루어진다. 그런데 일정 속도에서 효율이 좋게 고안된 날개는 다른 속도에서는 기능이 떨어지는 특징이 있다.

비행기에는 **고양력 장치**라고 불리는 여러 가지 장치들이 있는데 속도에 따라 날개의 양력이 최선의 상태로 조정될 수 있도록 날개의 모양을 바꾸어 주는 역할을 한다. 착륙하고 이륙할 때 날개를 보면 슬롯이 앞으로 열리는 것을 볼 수 있다. 고양력 장치 중 하나인 슬롯은 날개 윗면에 흐르는 공기의 흐름을 도와주고, 날개와 접촉하고 있는 공기층인 경계층의 박리를 지연시켜 주며, 따라서 실속 상태를 피할 수 있게 해 준다. 한편 날개 뒤쪽을 더 길게 해 주는 플랩은 날개의 휜 모양과 단면의 모양을 바꾸어 줌으로써 양력과 항력을 증가시킨다. 순항 속도와 이륙 및 착륙 속도의 차이가 크지 않은 관광용 비행기에는 이러한 시스템들이 없다.

조종석에는 조종 장치 외에도 항법이나 통신에 사용하는 일

· · ·

박리 날개 윗면과 아랫면을 흐르는 공기의 속도 차이가 너무 심해지면 날개 뒤쪽에서 두 공기가 동시에 만나지 못해 공기의 흐름이 끊기는 현상이 발생하는데, 이를 박리라고 한다. 박리 현상이 날개 전체에서 발생할 정도로 커지면 날개는 양력을 발생시키지 못하게 된다. 즉 실속이 되는 것이다.

련의 장치들이 갖추어져 있다. 이 장치들 가운데 하나는 앞에서 배운 현상을 이용하고 있는 점에서 주목할 만하다. 바로 경비행기 조종석 부분에 앞쪽으로 뾰족하게 나와 있는 작은 관, 즉 피토 관이라는 것이다. 이 관은 정압력과 동압력의 차이를 측정하는 일종의 기압계로, 베르누이의 법칙을 설명하는 그림에서 우리가 본 원리와 똑같다고 생각하면 된다. 그 장치를 통해 어떤 위치에서의 압력 차이를 알면 비행기의 상대 속도를 추론해 낼 수 있다. 그러나 기압은 고도에 따라 달라지므로 그 역시 고려해야 한다.

4

하늘을 나는 꿈은
다 이루어진 것일까?

또 다른 이동 수단이 있을까?

꿈은 그렇게 해서 현실이 되었다. 오늘날 난다는 것은 그리 특별한 일이 아니다. 그토록 날기를 소망한 끝에 인간은 마침내 해낸 것이다. 우리는 비행기가 왜 날 수 있는지는 물론 어떻게 나는지도 조금 알게 되었다. 모든 것을 이해해서 설명해 보려는 인간의 끊임없는 욕구 덕분이라 하겠다. 난다는 사실에 대한 이론까지 만들었으며, 기적처럼 보이기만 하던 일을 합리적으로 풀어 내는 원리들도 생각해 냈다.

비행기를 타는 것은 더 이상 특별한 사건이 아니다. 너무나 먼 곳으로 이동해야 하는 게 아니라면 피하고 싶은 고역이 되어 버리기까지 했다. 비행기를 타고 휴가를 떠난다고 해서 특별할 것도 없다. 진부함을 탈피한 탈것이라고 해도 초경량 항공기나 글라이더, 관광용 소형 비행기 정도밖에 없다.

그러나 다행스럽게도 아직 몇 가지 미스터리는 남아 있다. 예를 들어 곡예 비행에서 뒤집힌 채로 나는 것은 어떤 원리로 가능한 것일까? 이제껏 배운 지식을 바탕으로 생각해 보면 배면 비행의 경우 날개의 양력은 아래로 향해야 하고, 따라서 비행기의 무게에 양력이 더해져 비행기는 추락해야 할 것 같다. 그런데 실제로는 그렇지가 않다. 새로운 물리학이 필요한 것일까? 새로운 원리가 더 있는 것일까?

흥미진진한 탐구거리는 아직 많이 남아 있다. 이를테면 마법의 양탄자 같은 것에 도전해 볼 수도 있다. 그 얼마나 간단하면서도 우아한 비행인가! 단정하게 책상다리를 하고 앉을 수 있는 유연성과 날겠다는 강한 집중력만 있으면 될 것 같기도 하다. 물론 초전도 현상˚과 고양력 자기장이 필요할 테고, 아직은 모르는 원리들도 몇 가지 더 알아내야 가능할 테지만 말이다. 어쩌면 양탄자에 탄 사람이 머리에 쓰고 있는 터번이 중

● ● ●

초전도 현상 어떤 물질의 온도가 차차 내려갈 때 어느 온도에서 전기 저항이 갑자기 떨어져 그 온도 이하에서는 저항이 없어지는 현상을 말한다. 예를 들어 초전도 자석의 경우 전기 저항이 없어 많은 전류를 흘려 강력한 자기장을 형성할 수 있는데, 초전도 자기부상열차는 바로 그러한 초전도 자석의 성질을 이용한 것이다.

요한 역할을 하는지도 모를 일이다. 「스타트렉」*에 등장하는 순간 이동 기계나 발레리앙과 로를린*이 대수롭지 않게 단숨에 시간과 공간을 오가는 방법에는 또 어떤 것들이 있을까?

그러니 인간이 풀어야 할 일은 아직 많이 남아 있다. 영화나 만화에 나오는 이동 방법이 평범한 세상이 올지 또 누가 알겠는가?

비행기를 더 빠르게 만들 수 있을까?

그러나 순간 이동에 익숙해지기 전에, 아니 적어도 빛의 속도에 가까운 빠르기로 여행할 준비를 하기에 앞서 현재 비행기가 나는 속도를 현저하게 높일 수 있는 방법부터 고민해 볼 일이다. 파리에서 뉴욕까지 세 시간이면 가던 콩코드 여객기*를

● ● ● ●

스타트렉(Star Trek) 우주를 배경으로 한, 미국의 유명한 SF 드라마 시리즈.
발레리앙과 로를린(Valérian & Laureline) 프랑스 만화 「발레리앙」의 두 주인공. 두 사람은 시공을 넘나드는 경찰이다.
콩코드 여객기(Concorde) 영국과 프랑스가 공동 개발한 최초의 초음속 여객기로, 과도한 운영비와 소음, 대기 오염 등의 문제로 운항이 중단되었다.

생각하면 가슴이 아프다. 물론 소수의 특권 계층에게만 한정된 것이긴 했지만 빠르게 난 만큼 빠르게 대중화되기를 바랄 수는 없었던 것일까? 초속 150~200미터라는 속도가 초속 900미터로 바뀌는 데는 몇 십 년밖에 걸리지 않았다. 따라서 소리의 벽인 마하 1을 넘는 것도 그렇게 어렵지만은 않았을 것이다. 전투 비행기는 보통 마하 2까지도 도달하지 않는가(마하 2란 음속의 2배, 즉 약 시속 2200킬로미터에 해당한다). 물론 엄청난 에너지 비용과 실질적인 안전성 문제 때문에 어쩔 수 없었겠지만 말이다.

비행기가 소리보다 더 빠른 속도로 날 때 나는 '쾅' 하는 폭발음은 거대한 에어백이 생겼음을 나타내는 것이다. 배가 나갈 때 뱃머리에 물결이 이는 것과 같은 원리이다. 이 공기 쿠션을 밀어내야 하기 때문에 에너지가 그만큼 많이 소비되는 것이고, 귀를 찢는 듯한 소리를 내면서 유리창까지 깨뜨리는 것도 그 공기 쿠션 안에 들어 있는 에너지이다.

그렇다고 무소음 초음속 비행이 불가능한 것은 아니다. 비행기의 모양을 바꾸어 그 공기 덩어리를 지나치게 흩뜨리지 않고 미끄러지듯 들어가게 만들면 된다. 아직 실제로 성공한 것은 아니지만 적어도 이론적으로는 일리가 있어 보이며, 관련된 연구들이 이미 좋은 출발을 보여 주고 있다. 여기에는 군 관계자들이 특히 관심이 많다. 어떤 사람들은 이미 성공했다고 주장하기도 한다. 단지 기밀로 숨겨져 있을 뿐이라는 것이다. 그렇다면 우리는? 우리는 언제쯤 무소음 초음속 비행을 해볼 수 있을까?

더 읽어 볼 책들

- 이동호, 『나는 하늘을 날고 싶다』(랜덤하우스 중앙, 2005).

- 임달연, 『항공기 이야기 - 항공기의 역사 100년』(동명사, 2003).

- 돈 벌리너, 장석봉 옮김, 『목숨을 건 도전, 비행』(지호, 2002).

- 러셀 프리드먼, 안인희 옮김, 『하늘의 개척자 라이트 형제』(비룡소, 2005).

- 오빌 라이트, 정병선 편역, 『우리는 어떻게 비행기를 만들었나』(지호, 2003).

논술 · 구술 시험은 논리적이고 종합적인 사고를 요구한다. 다음에 제시된 문제는 이 책의 주제와 연관이 있는 논술 · 구술 기출 문제이다. 이 책을 통하여 습득한 과학적 지식과 원리, 입체적이고 논리적인 접근 방식을 활용하여 스스로 문제에 답해 보자.

▶ 베르누이의 정리란 무엇인지 설명하시오.

▶ 수소 풍선 속의 압력과 대기압을 비교하고 하늘로 올라갔던 풍선이 밤에 다시 가라앉는 이유를 설명하라. 또한 풍선이 공중에 정지해 있을 때 받는 힘과 가라앉았던 풍선을 낮에 햇빛을 비추어 주었을 때 나타나는 현상에 대하여 설명하라.

▶ 비행기가 오른쪽으로 회전하려면 어느 쪽 날개가 위아래로 가야 하는가. 이를 양력의 개념을 도입하여 설명하라.

▶ 비행기가 날고 있을 때, 작용하는 힘들에 대해 설명해 보시오.

옮긴이 | 김성희

부산대 불어교육과 및 동대학원을 졸업했으며 현재 전문 번역가로 활동 중이다.

민음 바칼로레아 13

비행기는 어떻게 날까?

2판 1쇄 펴냄 2021년 3월 30일
2판 5쇄 펴냄 2024년 8월 8일

1판 1쇄 펴냄 2006년 1월 23일
1판 4쇄 펴냄 2013년 9월 19일

지은이 | 장밥티스트 투샤르
감수자 | 김학봉
옮긴이 | 김성희
발행인 | 박근섭
펴낸곳 | ㈜민음인

출판등록 | 2009. 10. 8 (제2009-000273호)
주소 | 06027 서울 강남구 도산대로 1길 62 강남출판문화센터 5층
전화 | 영업부 515-2000 **편집부** 3446-8774 **팩시밀리** 515-2007
홈페이지 | minumin.minumsa.com

도서 파본 등의 이유로 반송이 필요할 경우에는 구매처에서 교환하시고
출판사 교환이 필요할 경우에는 아래 주소로 반송 사유를 적어 도서와 함께 보내주세요.
06027 서울 강남구 도산대로 1길 62 강남출판문화센터 6층 민음인 마케팅부

㈜민음인은 민음사 출판 그룹의 자회사입니다.